Ich find mich

INNENANSICHTEN

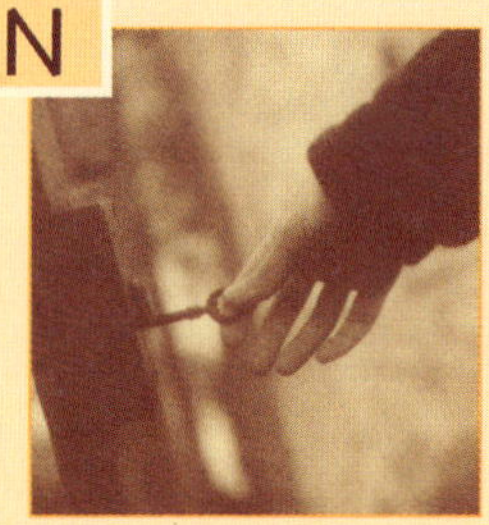

Anne Dorin

idee media Verlag

Dieses Buch gehört

....

Ich find mich

Was Sie schon immer über sich wissen wollten

Vorwort

Vorwort

Entdecken Sie sich **s e l b s t !**

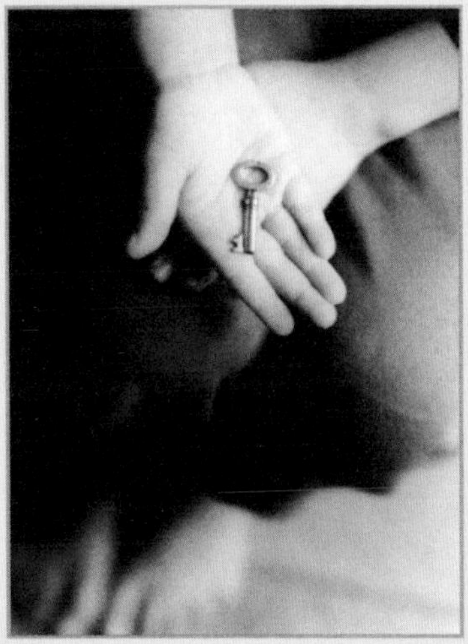

Eigentlich müsste an diesem Buch ein Schloss befestigt sein, denn es ist sehr intim, äußerst persönlich, und Sie werden Ihr Innerstes ganz neu entdecken ...!

Es ist kein Buch, das Sie durchgehen und beiseite legen. Vielmehr werden Sie über Wochen, Monate und Jahre immer wieder Parts darin überarbeiten und überdenken.

Ihre Begleiter werden ein *Bleistift*, ein *Radiergummi* und ein *Kuli* sein, mit denen Sie Ihre sehr persönlichen Antworten direkt unter der Frage notieren können.

Absolute Ehrlichkeit und umfassende Offenheit sind Grundgebote.

Es ist wie beim Abnehmen ...: Nur wer effektiv will und konsequent durchhält, hat Erfolg!

Mit dem Bleistift tragen Sie alle Antworten ein, die sich vielleicht im Laufe der Zeit wandeln könnten – wie sich ja auch unsere Ansichten durch Reife und Erfahrungen wandeln.

Mit dem Kuli schreiben Sie die Dinge auf, die für Sie unabänderlich gelten.

Es wird öfter vorkommen, dass Sie beim Überdenken von Fragen/Antworten oder durch gefühlsmäßige Betroffenheit nach Tagen und Wochen noch korrigieren oder hinzufügen.

ÜBRIGENS:

Die Fragen, die Sie nur ungern oder bewusst unvollständig beantworten oder erst einmal zurückstellen, sind Ihr persönlicher „punctus knactus". Hier lohnt sich intensiveres Grübeln über Hintergründe und Abwehrreaktionen.

Was der Sinn der Sache ist?

- Sie analysieren sich selbst, werden sich Ihrer Persönlichkeit eher bewusst;
- Sie lernen Ihre Stressauslöser, Ängste und Ärgerfaktoren, aber auch Ihre Freuden und Stärken kennen;
- Sie erkennen, für welche Dinge sich vehementer Einsatz lohnt und welche Sie besser als gegeben hinnehmen;
- Sie schreiben sich den ***„Frust von der Seele"***. Einmal schwarz auf weiß festgehalten, sind Probleme leichter zu verarbeiten;
- Bei Partnerschafts-Problemen ist es eine große Hilfe, wenn einer das Buch des anderen liest und dessen tiefe Gefühls- und Gedankenwelt besser verstehen lernt;
- Bei seelisch verstärkten Schmerzen/Krankheiten kann diese Selbsterkenntnis der erste Schritt zur Besserung sein.

Grundlagen Ihres Wesens

I. Grundlagen Ihres Wesens

Jeder Einzelne von uns ist ein Rädchen im großen Getriebe. In dieser Rubrik geht es darum, welche Funktion Sie global erfüllen, was für Sie als Anfangs- und Endziel steht. Die Begriffe Gott, Glaube etc. sind hier keineswegs bekehrend gemeint, sondern stehen teils für inneren Frieden – teils auch einfach als treffende Parabeln.

> „LIEBER GOTT, BITTE LASS MICH DAS, WAS ICH NICHT ÄNDERN KANN, GELASSEN HINNEHMEN.
> GIB MIR DEN MUT, DAS ZU ÄNDERN, WAS ICH ÄNDERN KANN. UND GIB MIR DIE WEISHEIT, ZWISCHEN BEIDEM ZU UNTERSCHEIDEN.“ (GEBET)

1. Welche Ziele haben Sie schon erreicht?

2. Schreiben Sie in Stichworten Ihren weiteren Lebensplan mit zunehmendem Alter auf:

3. Sind das Ihre Wünsche oder eher Dinge, die man von Ihnen erwartet?

4. Welche idealistischen Werte sind Ihnen am wichtigsten (Liebe, Gesundheit, Glaube ...)?

Man muss glücklich sein. Das ist es.
Glück haben wäre etwas anderes.
Glücklich sein ist die beste Art,
sich durch dieses lebensgefährliche
Leben zu bewegen! (Janosch)

5. Was waren die wichtigsten Entscheidungsmomente Ihres Lebens?

6. Wie hätte sich Ihr Leben wohl entwickelt, wenn Sie in diesen Momenten anders entschieden hätten?

7. An welchen realen Werten hängen Sie am meisten (Kinder, Partner, Haus, Beruf, finanzielle Sicherheit ...)?

Bewerten Sie nicht die Dinge selbst, sondern die Erfahrung, die mit ihnen verbunden ist.

8. Wovor fürchten Sie sich am meisten?

9. Wo fühlen Sie sich am wohlsten?

10. Welche Entscheidungen machen Ihnen Angst?

11. Gab es Situationen, in denen Sie an Selbstmord gedacht haben?

Fallen ist keine Schande - aber liegen bleiben.
(Deutsches Sprichwort)

Die Vorstellung, dass dem Universum nicht ein Zufall, sondern ein vorgefügter Plan zugrunde liegt, lässt uns Schicksalsschläge ergebener und leichter hinnehmen.

12. Inwiefern glauben Sie an eine höhere Macht?

Da kam mir die Welt auf einmal so entsetzlich weit und groß vor und ich so ganz allein darin, dass ich aus Herzensgrunde hätte weinen mögen.
(Joseph von Eichendorff)

13. Wie ändern sich Ihre Gefühle, wenn Sie eine Kirche betreten?

14. Was geht Ihnen durch den Kopf, wenn Sie eine Stunde lang die Sterne betrachten?

Sammle deine hellen Stunden und verwahre sie für die dunkle Zeit.
(Ursula Dette)

15. Deuten Sie den letzten Traum, an den Sie sich erinnern!

16. Wie würden Sie Ihre letzten Lebensmonate verbringen wollen?

17. Glauben Sie an die Unsterblichkeit der Seele, an Wiedergeburt o.ä.?

Es ist kaum möglich, seinen inneren Frieden zu finden, solange man nicht offen und ehrlich mit sich selbst umgeht. Man sollte sich Fehler verzeihen können und einfach aus der Vergangenheit lernen. Nur wer sich selbst mit allen Schwächen annimmt und liebt, kann auch andere wahrhaftig lieben.

18. Was gibt Ihnen Frieden, woraus schöpfen Sie Kraft?

19. Welches Tier würden Sie gerne sein ... und warum?

20. Welchen Spruch würden Sie sich am Lebensende für Ihren Nachruf wünschen?

Wenn durch einen Menschen ein wenig mehr Licht und Wahrheit in der Welt war, hat sein Leben einen Sinn gehabt! (Alfred Delp)

Spuren im Sand

Eines Nachts hatte ich einen Traum:
Ich ging am Meer entlang mit meinem Herrn.
Vor dem dunklen Nachthimmel erstrahlten, Streiflichtern gleich,
Bilder aus meinem Leben ...

Und jedes Mal sah ich zwei Fußspuren im Sand,
meine eigenen und die meines Herrn.

Als das letzte Bild an meinen Augen vorbeigezogen war,
blickte ich zurück.
Ich erschrak, als ich entdeckte, dass an vielen Stellen meines Lebensweges
nur eine Spur zu sehen war.
Und das waren gerade die schwersten Zeiten meines Lebens.

Besorgt fragte ich den Herrn:
"Herr, als ich anfing, dir nachzufolgen,
da hast du mir versprochen, auf allen Wegen bei mir zu sein.
Aber jetzt entdecke ich,
dass in den schwersten Zeiten meines Lebens
nur eine Spur im Sand zu sehen ist.
Warum hast du mich allein gelassen, als ich dich am meisten brauchte?"

Da antwortete er: „Mein liebes Kind,
ich liebe dich und werde dich nie allein lassen,
erst recht nicht in Nöten und Schwierigkeiten.
Dort wo du nur eine Spur gesehen hast,
da habe ich dich getragen."

(Margaret Fishback Powers)

Zum Weitererzählen:

Ein Engel steht hinter der Ladentheke und sagt zum Menschen: „Hier können Sie Wünsche kaufen!" Der Mensch zählt sofort viele Dinge auf: „Frieden auf der Welt, keine Hungersnöte mehr, genug Geld für alle ...."
„Nein", meint der Engel, „das haben Sie falsch verstanden: Wir verkaufen keine Früchte – nur den Samen."

In der Gemeinschaft

II. In der Gemeinschaft

Jeder Mensch hat seine ganz eigenen Talente und Stärken, aber nicht jeder erkennt und nutzt sie auch. Dieses Talent kann genauso im Managen einer großen Firma wie im Zuhören und Trösten liegen – beides ist durchaus gleich wichtig!

Wenn jeder im Bereich seines Könnens wirkt, Verantwortung trägt und andere unterstützt, sind die Waagschalen im Gleichgewicht.

1. Wer oder was hat Ihr eigenes Wesen am meisten geprägt?

2. Welche Kindheitserinnerungen sind Ihnen angenehm, welche unangenehm im Gedächtnis?

3. An welche denken Sie öfter als zweimal im Jahr?

4. Was war der schlimmste Moment Ihres bisherigen Lebens?

Es gibt gute und schlechte Tage. Gute Tage gehen vorbei. Das weißt du, und das findest du schrecklich. Aber schlechte Tage gehen auch vorbei! Warum denkst du nicht daran, und warum tröstet dich das nicht?
(Phil Bosmans)

5. Welche Schicksalsschläge mussten Sie schon hinnehmen (Tod, Scheidung, Arbeit verloren ...)?

....

....

....

....

Einen geliebten Menschen zu verlieren bedeutet für Körper und Seele eine Belastung, die alle Kraft fordert und uns in eine tiefe Krise stürzt. Die Phase der Trauer scheint unendlich zu sein - doch im Rückblick erleben wir sie oft als eine Zeit des Umbruchs und damit auch der neuen Chancen.

Als Reaktion auf den Verlust sind Gefühle der Einsamkeit, Wut, Schuld und Angst unvermeidlich. Nicht dagegen wehren - sie gehören zum Abschiednehmen dazu.

Um seine Kraft wieder aufzubauen, sollte man die Hilfe nahe stehender Menschen annehmen, sich Gruppen anschließen, die Gleiches erlebt haben – aber auch neue eigene Ziele entwickeln und, ganz wichtig, das Immunsystem stärken, denn Verlusterfahrungen schwächen die Körperabwehr sehr stark. Gesunde Ernährung, ausgedehnte Spaziergänge, Schwimmen gehen ... und sich selbst ein wenig verwöhnen, gehören dazu.

6. Was war der allergrößte Fehler, den Sie begangen haben?

Es gibt in Indien ein Sprichwort: „Man sollte ein Unglück so sehen lernen, wie man es in sieben Jahren sehen würde.“ Sprichwort

7. Was war das Wertvollste, das Ihnen bisher widerfahren ist?

8. Was mögen und nutzen Sie an Ihrem örtlichen Umfeld – was stört Sie?

9. Zählen Sie die Menschen (Kinder/Partner ...) auf, die Sie aufrichtig lieben:

Glück kann man nur festhalten, indem man es weitergibt.
(Werner Mitsch)

10. Wer ist für Sie ein wirklich guter Freund?

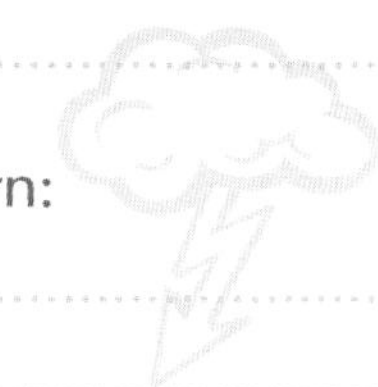

11. Und jetzt die, über die Sie sich richtig ärgern:

12. Wie würden Sie sich mit den „Ärger-Typen" am liebsten auseinander setzen?

Wende dein Gesicht der Sonne zu, dann fallen deine Schatten hinter dich.
(Thailändische Weisheit)

13. Wie lange beschäftigt Sie eine ärgerliche Sache?

Manchmal belasten Kummer oder Unstimmigkeit uns viel länger und intensiver, als sie es wert sind. Unter nicht Änderbares müssen wir im Kopf einen Schlussstrich ziehen! Schwierige Dinge im Leben sollten zu Leitpfosten werden und keine Stolpersteine sein.

14. Bei welcher Art von Menschen fällt es Ihnen schwer, tolerant zu sein?

15. In welchen Situationen reagieren Sie sehr spontan?

16. Welche Situationen sind im vergangenen Monat nicht so eingetreten, wie Sie sie geplant hatten?

Du kannst den Regenbogen nicht haben, wenn es nicht regnet. (Wolfskind)

17. War die Änderung zum Besseren oder Schlechteren?

18. Was würden Sie an Ihrem Leben ändern, wenn Sie noch einmal anfangen könnten?

19. Für wie wichtig halten Sie Ihren Platz innerhalb der Menschheit?

Leben ist, was einem begegnet, während man auf seine Träume wartet. (Bonmot)

Singles

III. Singles

Auch Singles können das unter Punkt IV folgende Partnerschafts-Kapitel beantworten. Sie beziehen dann die Fragen auf die Person, zu der sie den engsten Kontakt haben (Mutter, Chef, Freund/in ...) – ein Teil der Fragen wird für sie nicht relevant sein. Dafür aber nun zu Anfang einige Gedanken speziell für Alleinlebende:

1. Welche Vor- und Nachteile hat das Single-Leben?

2. Welche typischen Single-Angewohnheiten müssten Sie sich wohl abgewöhnen, wenn Sie einen Partner hätten?

3. Welche Lebens-Schwerpunkte setzt man als Alleinlebender anders?

4. Welche Sorgen und Nöte belasten besonders Singles?

In der Partnerschaft

IV. In der Partnerschaft

Männer sind anders – Frauen auch:
wie erfrischend wahr ist doch dieser Buchtitel.
Grund genug, Uneinigkeiten im Zusammenleben durchaus als normal hinzunehmen und sich nicht an Kleinigkeiten zu zerfleischen. Aber auch Hinweis darauf, Probleme, die einen innerlich zu zerstören drohen, anzupacken und Entscheidungen zu treffen.

(Es ist der Einfachheit halber von „dem Partner" und „ihm" die Rede, gilt aber natürlich gleichermaßen für „die Partnerin" und „sie")

Heirate oder heirate nicht, beides wirst du bereuen. (Sokrates)

1. Welches Verhalten/Aussehen Ihres Partners lässt auf einen Blick seine Stimmung erkennen?

2. Wie reagieren Sie, wenn Ihr Partner schlecht drauf ist?

3. Wie sieht bei Ihnen die Aufgabenteilung im privaten Bereich aus (hätten Sie es lieber anders)?

4. Ist Ihre Wohnung eher nach Ihren oder den Wünschen Ihres Partners eingerichtet?

Es erdrückt einen mit der Zeit, wenn man immer andere an die erste Stelle setzt. Jeder fordert, man ist erschöpft und soll trotzdem noch etwas und noch etwas tun. Kein Wunder, dass sich innerlich Groll anstaut, weil keine Zeit mehr für einen selbst bleibt.

Die Lösung ist einfach: Sie sind in erster Linie sich selbst und Ihrem Leben verpflichtet. Stellen Sie sich an die erste Stelle! Wer sich selbst liebt, ist glücklich - und bereit, seine Liebe und sein Glücklichsein mit anderen zu teilen. Er gibt anderen damit mehr Unterstützung und Lebensfreude, als wenn er nur „gefrustet" seine Pflicht tut.

5. Wie unterscheiden sich Ihre Urlaubswünsche von seinen – welche werden umgesetzt?

6. Auf welche Art streiten Sie im Fall des Falles (sachlich, schreiend, schweigend ...)?

7. Können Sie die Wünsche/Pläne Ihres Partners ablehnen, wenn es Sie überfordert?

Besonders Frauen fällt es oft schwer, egoistische Forderungen ihres Umfeldes abzulehnen. Entweder leiden sie im Stillen oder sie bekommen, wenn sie völlig überlastet sind, plötzliche Wutanfälle, die ihr Gegenüber in dem Moment nicht versteht.
Im guten Sinne „nein" zu sagen, bedeutet, seine Würde zu wahren und für seine Rechte einzustehen. Wer freundlich absagt, wenn es ihm zuviel wird, schafft Raum für ein „ja" an anderer Stelle.

8. Merken Sie, wann er übertreibt oder lügt – und woran?

9. Wer erzählt mehr, Sie oder Ihr Partner?

Lügen ist ein ermüdendes Unternehmen, weil es so große Anforderungen an das Gedächtnis stellt.
(Harald Nicolson)

10. Was unterscheidet Ihren Tagesablauf von dem Ihres Partners, positiv und negativ?

11. Ein kleiner Test, wie gut Sie Ihren Partner kennen:

TEST:

- *Was ist sein Lieblingsgericht?*
- *Welche Konfektionsgrößen hat er (von Jacke bis Socken)?*
- *Mit welchen Geschenken kann man ihm eine Freude machen?*
- *An wem/was hängt er am meisten?*
- *Wer/was ärgert ihn am ehesten?*
- *Womit beschäftigt er sich in der Freizeit am liebsten?*
- *Welchen Beruf hätte er außer seinem jetzigen gerne ergriffen?*

Liebe besteht nicht darin, dass man einander anschaut, sondern, dass man gemeinsam in dieselbe Richtung blickt.
(Antoine de St.-Exupéry)

12. Welche Eigenschaften sind Ihnen generell für einen Lebenspartner am wichtigsten, welche sollte er nicht haben ?
(bitte 2 Rubriken, nach Wichtigkeit gestaffelt)

13. Welche dieser Eigenschaften erfüllt Ihr derzeitiger Partner?

14. Was ist Ihnen äußerlich wichtig an einem optimalen Partner?

15. Wo hapert es bei Ihrem Derzeitigen?

Wir sind nicht nur verantwortlich für das, was wir tun, sondern auch für das, was wir nicht tun. (Voltaire)

16. Ganz ehrlich: Wie oft haben Sie Sex – ist diese Häufigkeit für Sie o.k.?

17. Sind das immer bestimmte Tage, ein bestimmter Ablauf – was ist daran gut/schlecht?

18. Wie oft kommen Sie dabei zum Höhepunkt – ist Ihnen das wichtig?

Normaler Sex ist eine lustvolle Art, Energie zu verschleudern und endet mit einer wohligen Mattigkeit. Viele asiatische Lehren zielen darauf hin, diese Energie zu bündeln und in den ganzen Körper fließen zu lassen (z.B. TANTRA).
Besondere Atem-, Konzentrations- und Massagetechniken verteilen die erotische Spannung vom Körperzentrum her bis ins Gehirn und setzen dort ungeahnte Kräfte frei.

19. Ist einer der Partner immer mehr der Gebende, der andere eher der Nehmende?

20. Noch mal ganz ehrlich: Was würde Sie beim Sex besonders erregen?

21. Fällt es Ihnen schwer, offen über dieses Thema nachzudenken oder zu reden?

22. Was passiert, wenn Sie Ihrem Partner ganz offen Ihre sexuellen Wünsche darlegen?

23. Was ist bei der Selbstbefriedigung anders als beim Geschlechtsverkehr mit Partner?

24. Könnte es sein, dass Ihr Partner Sie betrügt?

Die Ehe muss ständig gegen ein Gespenst ankämpfen, gegen das Gespenst der Gewohnheit. (Balzac)

25. Egal ob ja oder nein: welche Gründe könnte er dafür haben?

26. Wen könnten Sie sich außer Ihrem jetzigen noch als Lebenspartner vorstellen?

27. Beschreiben Sie den schönsten Kuss Ihres Lebens – was war besonders daran?

„Du fragst mich, Kind,
was Liebe ist? ... Ein Stern ...
in einem Haufen Mist."
(Heinrich Heine)

28. Wie empfanden Sie Ihr erstes sexuelles Erlebnis?

29. Was die Eltern einem vorleben, prägt sich tief ein: Ist/war die Ehe Ihrer Eltern/Schwiegereltern glücklich? Wo lag deren Problematik?

30. Erkennen Sie in Ihrer eigenen Partnerschaft Verhaltens-Parallelen zur Ehe Ihrer Eltern/Schwiegereltern?

Aus einem alten, irischen Gebet:

NIMM DIR ZEIT ZUM ARBEITEN -
ES IST DER PREIS DES ERFOLGES.

NIMM DIR ZEIT ZUM DENKEN -
ES IST DIE QUELLE DER KRAFT.

NIMM DIR ZEIT ZUM SPIELEN –
ES IST DAS GEHEIMNIS EWIGER JUGEND.

NIMM DIR ZEIT ZUM LESEN –
ES IST DER BRUNNEN DER WEISHEIT.

NIMM DIR ZEIT ZUM TRÄUMEN –
ES BRINGT DICH DEN STERNEN NÄHER.

NIMM DIR ZEIT DICH UMZUSCHAUEN –
DER TAG IST ZU KURZ,
UM SELBSTSÜCHTIG ZU SEIN.

NIMM DIR ZEIT ZUM LACHEN –
ES IST DIE MUSIK DER SEELE.

NIMM DIR ZEIT FREUNDLICH ZU SEIN –
ES IST DER WEG ZUM GLÜCK.
NIMM DIR ZEIT ZU LIEBEN
UND GELIEBT ZU WERDEN -
ES IST DER WAHRE REICHTUM DES LEBENS.

Im Familienkreis

V. Im Familienkreis

Nichts auf der Welt
ist so gerecht verteilt
wie der Verstand,
denn jedermann ist überzeugt,
dass er genug davon habe.
(René Descartes)

Eigentlich ist niemand besser oder schlechter als ein anderer; jeder hat lediglich seine eigene Vorstellung von gutem und schlechtem Handeln.

Man kann nur daraus lernen, andere Menschen zu beobachten, ohne zu (ver-)urteilen.

Familie (Eltern, Geschwister, Schwager, Großeltern, ...)

1. Nennen Sie 5 Empfindungen, die Sie mit dem Begriff „Familie" verbinden:

....

....

....

....

2. Geben Sie Ihren Familienmitgliedern (auch im weiteren Kreis, sofern Sie häufiger Kontakt haben) Noten von 1 (toll!) bis 6 (Katastrophe!):

....

....

....

....

3. Schaffen Sie es, den „Katastrophen" aus dem Weg zu gehen oder sie lächelnd hinzunehmen?

....

....

....

....

4. Nun anders herum: welche Noten würden Sie wohl von den besagten Familienmitgliedern erhalten?

Jeder Mensch hat ein Brett vor dem Kopf – es kommt nur auf die Entfernung an.
(Marie von Ebner-Eschenbach)

5. Wer ist das Zentrum Ihrer Familie (vielleicht auch mehrere)?

6. Wer ist das schwarze Schaf (evtl. mehrere)?

Keiner ist weise, der das Dunkel nicht kennt.
(Hermann Hesse)

7. Wo sehen Sie sich innerhalb der Familie – was ist Ihre „Aufgabe" in diesem Kreis?

8. Was belastet Sie im Zusammenhang mit der Familie?

9. Was ist für Sie im gleichen Kontext angenehm und wichtig?

10. Wie bewerten Sie das Verhalten Ihrer Eltern in Ihren Kindheitsjahren?

Kinder sind keine Fässer, die gefüllt, sondern Feuer, die entzündet werden sollen! (Rabelais)

11. Was würden Sie an Ihren Eltern ändern, wenn Sie es könnten?

12. Welche Riten (Weihnachtsessen bei Muttern, samstags Autowaschen ...) gehören zu Ihrem Leben – ... würden Sie gerne etwas ändern?

(Nun zu Ihren Kindern. Falls Sie kinderlos sind, gehen Sie den Fragenkomplex rein theoretisch durch – was wäre, wenn Sie Kinder hätten):

13. Sind Ihre Kinder gewünscht und geplant?

14. Hätten Sie gerne mehr oder weniger Kinder gewollt?

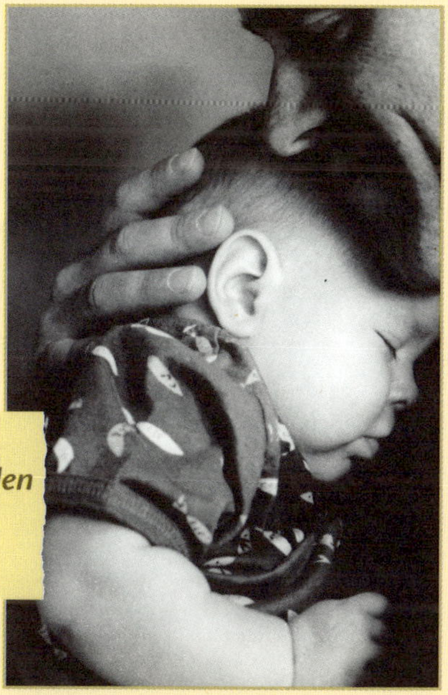

Neues Leben sollte geplant und schon in der Entstehung gewünscht werden mit den Gedanken „Wir lieben dich und werden dir auf deinem Lebensweg beistehen".

15. Erkennen Sie sich selbst oder Ihren Partner stark in den Kindern wieder?

16. Was würden Sie als die 5 Hauptaufgaben ansehen, die einem als Eltern obliegen?

Bevor ich heiratete, hatte ich sechs Theorien über Kindererziehung. Jetzt habe ich sechs Kinder und keine Theorie. (John W. Rochester)

17. Welche Jahre empfinden Sie bei Kindern als die schönsten, welche als die schwierigsten?

18. Wie viel Zeit nehmen Sie sich für die Spiele, die Ihre Kinder mögen?

Liebe ist das Einzige,
was wächst,
wenn wir es verschwenden.
(Ricarda Huch)

19. Wie viel Prozent der Kinderfragen beantworten Sie bedingungslos ehrlich und offen?

20. Welche Handlung der Kinder wäre für Sie ein Grund zur Bestrafung?

21. Wie sieht diese Bestrafung in der Regel bei Ihnen aus – wie oft kommt das vor?

Auch mit einer Umarmung kann man einen Gegner bewegungsunfähig machen.
(Amintore Fanfani)

22. Wie oft haben Ihre Kinder die Gelegenheit, alleine und stressfrei mit Ihnen zu reden?

23. In welchen Bereichen möchten Sie Ihren Kindern frühestmöglich Selbständigkeit vermitteln?

Freundschaft ist, wenn dich einer für gutes Schwimmen lobt, nachdem du beim Segeln gekentert bist.
(Werner Schneyder)

24. An wie vielen Tagen der Woche kochen Sie frisch und „gesund"?

25. Inwiefern unterstützen Sie die Hobbys Ihrer Kinder?

26. Sind Sie sicher, dass Ihre Kinder Freude an diesen Hobbys haben?

Wer etwas loslässt, hat zwei Hände frei. (Hellmut Walters)

27. Was empfinden Sie, wenn der Nachwuchs mit schlechten Schulnoten nach Hause kommt?

28. Inwieweit sollten Eltern ihren erwachsenen (vielleicht verheirateten) Kindern noch mit Rat & Tat zur Seite stehen?

29. Wie reden Ihre Kinder wohl mit Gleichaltrigen über Sie?

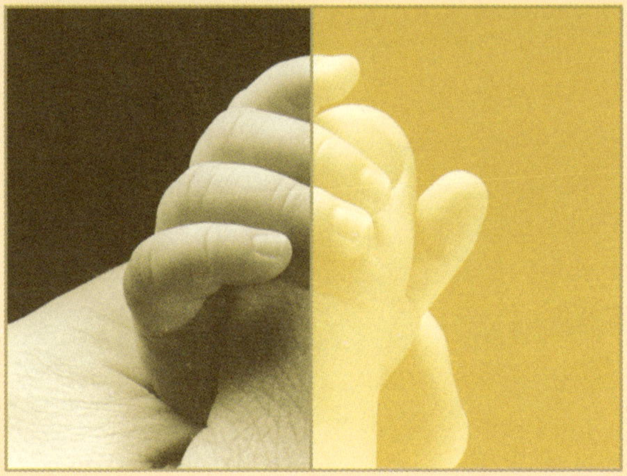

Deine Kinder

sind nicht deine Kinder.
Sie sind die Söhne und Töchter
der Sehnsucht des Lebens nach sich selbst.
Sie kommen durch dich, aber nicht von dir,
und obwohl sie bei dir sind,
gehören sie dir nicht.
Du kannst ihnen deine Liebe geben,
aber nicht deine Gedanken,
denn sie haben ihre eigenen Gedanken.

Du kannst ihrem Körper ein Heim geben,
aber nicht ihrer Seele,
denn ihre Seele wohnt im Haus von morgen,
das du nicht besuchen kannst,
nicht einmal in deinen Träumen.

Du kannst versuchen,
ihnen gleich zu sein,
aber suche nicht, sie dir gleich zu machen.
Denn das Leben geht nicht rückwärts
und verweilt nicht im Gestern.
Du bist der Bogen, von dem deine Kinder
als lebende Pfeile ausgeschickt werden.
Lass deine Bogenrundung in der Hand des Schützen
Freude bedeuten!

(Khalil Gibran)

Im Freundeskreis

VI. Im Freundeskreis

Es besteht eine Art Energiekreislauf zwischen Menschen. Wenn aber nur einer den anderen benutzt und fordert ohne selbst etwas zurückzugeben, kommt der Fluss ins Stocken. Ein solcher Energieräuber kann z. B. ein „stets trostbedürftiges Opfer" sein, oder „der unehrliche Superfreund". Sicher kennen Sie auch einen „ewig bloßstellenden Kritiker" oder den „aggressiven Schimpfer", der alle einschüchtern will. In jedem Fall kostet Ihr Energieräuber Sie Kraft und lähmt Ihren Optimismus.

Versuchen Sie einmal, ganz unlogisch, unerwartet auf ihn zu reagieren. Wenn ein „Opfer" sagt: „Keiner kann mir helfen", bestätigen Sie es: „Du hast Recht, dir kann wirklich niemand helfen" - oder überschütten Sie den „Schimpfer" mit lächelnder Freundlichkeit.

Mitunter hilft auch nur ein radikaler Schritt: Vertreiben Sie ihn aus ihrem Leben.

1. Welche Art Mensch hat am ehesten Chancen, Ihr wirklicher Freund zu werden?

2. Sind das Typen, die Ihnen ähnlich sind – oder eher ganz das Gegenteil?

3. Bei welchem Verhalten anderer gehen Sie auf Distanz bzw. werden vorsichtig?

4. Bei wem haben Sie das Gefühl, dass er Sie viel Kraft kostet?

5. Welche grundlegenden Umgangsformen möchten Sie nicht missen?

6. Zu welchen alten Schulfreunden haben Sie noch Kontakt?

Jedes Geschöpf ist mit einem anderen verbunden, und jedes Wesen wird durch ein anderes gehalten.
(Hildegard von Bingen)

7. Seit wie viel Jahren besteht Ihr Freundeskreis – neigen Sie dazu, ihn öfter zu wechseln?

Wer die Freiheit liebt, darf die Einsamkeit nicht scheuen.
(Werner Lauber)

8. Was denken Sie, wenn ein guter Freund Ihren Geburtstag vergisst?

9. Wer davon würde Ihnen, ohne groß nachzufragen, im Bedarfsfall 3.000 EURO leihen?
(denn wir wissen ja: beim Geld hört die Freundschaft oft auf ...)

10. Wem würden Sie ohne weiteres so viel Geld leihen?

Die australischen Aborigines haben eine besondere Vorstellung von Geschenken: Als Geschenk gilt es nur dann, wenn man etwas gibt, was die beschenkte Person auch will. An einem Geschenk haftet keinerlei Bindung und es wird ohne jede Bedingung gegeben. Der Beschenkte darf mit der Gabe machen, was er will: sie benutzen, zerstören oder weiter verschenken. Das Geschenk gehört jetzt ihm, und der Geber erwartet auch nichts als Gegenleistung.

11. Haben Sie und Ihr Partner den gleichen oder unterschiedliche Freundeskreise?

12. Was denken Ihre Freunde über Ihren Partner?

13. Umgekehrt: Was denken wohl seine Freunde über Sie?

14. Wie pflegen Sie Ihren und seinen Freundeskreis (regelmäßige Treffen)?

Du kannst dein Leben weder verlängern, noch verbreitern – nur vertiefen. (Gorch Fock)

15. Sind diese Treffen nach Ihrem Geschmack, freuen Sie sich darauf? Wenn nein, warum nicht?

Schenken Sie Ihre Zeit vor allem den Menschen, die Sie mögen. Klingt brutal, aber wenn Sie wenig Zeit haben, sollten Sie Ihren Freundes- und Bekanntenkreis ausmisten.

16. Wer interessiert sich wirklich für Sie und Ihre Probleme?

Wer die ganze Zeit redet, kann nicht hören. Manchmal ist es sinnvoll, einfach jeden Gedanken aus dem Kopf zu verbannen und darauf zu warten, etwas zu empfangen. Im Zuhören ermutigen wir die Menschen, selbst eine Lösung für ihre Probleme zu finden, indem sie ihrem Herzen folgen.

Körper

VII. Körper

Wer sich in seiner Haut wohl fühlt, ist innerlich ausgeglichener und wirkt auch auf seine Mitmenschen attraktiver. Dabei hat dieses „Wohlfühlen" gar nicht einmal viel mit der objektiven Schönheit zu tun, sondern eher mit der Zufriedenheit, sich an dem Positiven zu freuen und das weniger Schöne zu kaschieren oder schlicht zu akzeptieren.

1. Nobody's perfect ...! Halten Sie sich trotzdem für ganz ansehnlich?

2. Was gehört zu Ihrem morgendlichen Schönheitsprogramm, bevor Sie den Tag starten?

Glück – das ist einfach eine gute Gesundheit und ein schlechtes Gedächtnis.
(Ernest Hemingway)

3. Wie würden Sie Ihren Kleidungsstil und –geschmack bezeichnen?

4. Wie oft kommt es vor, dass Sie an sich (oder andere an Ihnen) Mund- oder Körpergeruch wahrnehmen?

5. Schauen Sie Haare, Finger- und Fußnägel an: gepflegt?

6. Was würden Sie (in der Reihenfolge der Wichtigkeit) an Ihrem Körper ändern?

7. Was finden Sie an sich schön?

Was uns an der sichtbaren Schönheit entzückt, ist ewig nur die unsichtbare.
(Marie von Ebner-Eschenbach)

8. Mit welchen Worten würden andere Ihr Aussehen wohl beschreiben?

9. Selbstbewusste Menschen wirken attraktiver. Warum wohl?

10. Hand aufs Herz: Welche Laster „lasten" auf Ihnen (Rauchen, Alkohol, Drogen, Süßes, ...)?

11. Falls bei Frage 10 betroffen: Warum kommen Sie wohl nicht davon los?

12 . Wenn Sie übergewichtig sind: seit wann – und wodurch kommt es wohl?

Vier Komponenten spielen eine Rolle bei zu hohem Gewicht:

a. Ein träger Stoffwechsel, der mit mehr Bewegung und Sport angekurbelt werden kann.

b. Sie trinken zu wenig: Mit 2-3 Litern Flüssigkeit am Tag (am besten Wasser ohne Kohlensäure oder Früchte/Kräuter-Tee) transportiert der Körper alles schneller, Schadstoffe werden eher ausgeschieden, Vitamine besser verarbeitet.

c. Sie essen zu viel fette, süße, schwer im Magen liegende Nahrungsmittel (Fleisch, Wurst, Kuchen, Nachtisch, Süßigkeiten ...) – und zu wenig Leichtes, Nährstoffreiches (Salat, Gemüse, Obst, Yoghurt, Müsli, Vollkornbrot, Magerquark ...)

d. Sie essen nicht nur, wenn Essenszeit ist und Sie wirklich Hunger haben, sondern haben auch zwischendurch, beim Fernsehen etc. immer etwas zum Naschen bereit.

13. Wie hoch würden Sie Ihre Selbstdisziplin einschätzen?

14. Wieviel Schlaf brauchen Sie – bekommen Sie ihn regelmäßig?

15. Welche Medikamente nehmen Sie häufiger ein?

16. Was können Sie ganz bewusst genießen oder sich dran freuen?

Entspannung, Freude, und psychisches Wohlbefinden haben einen positiven Einfluss auf Körperabwehr und Gesundheit.

17. Welche Tätigkeit/Arbeit belastet Sie körperlich oder gesundheitlich am stärksten?

Alle Lebewesen außer den Menschen wissen, dass der Hauptzweck des Lebens darin besteht, es zu genießen. (Samuel Butler)

18. Wo liegen Ihre gesundheitsmäßigen Schwachstellen?

19. Was tun Sie, um diese Schwachpunkte zu stärken?

20. Was denken Sie, in welchem Alter und woran Sie einmal sterben werden?

21. Welche Ihrer Gesundheitsprobleme sind wohl eher rein medizinisch, welche eher seelisch bedingt?

Der Kummer, der nicht spricht, nagt an dem Herzen, bis es bricht.
(William Shakespeare)

22. Unter welchen Bedingungen würden Ihre Schmerzen/Probleme sich wohl bessern?

23. Sport/regelmäßige Bewegung ist äußerst gesundheitsfördernd. Wie steht's mit Ihrer körperlichen Ertüchtigung ...?

24. Zu welchem Arzt haben Sie unbedingtes Vertrauen – wo sind Sie eher skeptisch?

Für jeden Heilprozess müssen gleichermaßen Körper, Kopf und Herz bereit sein. Die ärztliche Kunstfertigkeit ist dabei genauso wichtig, wie die Bereitschaft des Patienten, gesund zu werden und durch positives Denken an seiner Wiederherstellung mitzuarbeiten.

In allen körperlichen Beschwerden drücken sich auch unverarbeitete psychische Belastungen aus. Wenn man sich öffnet und in seinen Körper hinein horcht, versteht man. Die Krankheit bringt den Menschen weiter, weil er genau dann an sich arbeitet.

Beruf(ung)

VIII. Beruf(ung)

Einen großen Teil unseres Tages verbringen wir mit einer beruflichen Tätigkeit, die wir uns selbst ausgesucht haben. Optimal wäre es, wenn sich hier Geld verdienen, Spaß an der Arbeit und netter Kollegenkreis verbinden würden. Passt einer der Faktoren (oder mehrere) nicht, übernehmen wir Ärger und Belastung automatisch mit ins Privatleben.

„Ich weiß nicht, ob es besser wird, wenn ich etwas ändere, aber ich weiß, dass ich etwas ändern muss, damit es besser wird!" (Sprichwort)

1. Was verbinden Sie mit dem Begriff „Beruf"?

2. Wie kam es zur Entscheidung für Ihren erlernten Beruf?

3. Nur falls zutreffend: Warum arbeiten Sie heute in einem anderen Bereich?

4. Wie oft haben Sie Ihre Arbeitsstelle gewechselt?

5. Ganz ehrlich: Was waren die Gründe?

6. Welche Vor- und Nachteile hat Ihre jetzige Tätigkeit?

7. Wie viele Ihrer Kollegen und Vorgesetzten sind nett/mittelmäßig/ unangenehm?

8. Wie würde Ihr Chef Sie einem anderen Firmenbesitzer gegenüber beschreiben?

Wer sich zu wichtig für kleine Arbeiten hält, ist meist zu klein für wichtige Arbeiten.
(Jacques Tati)

Es hat noch keinen Menschen gegeben, der andere Menschen wirklich hätte lehren können, ohne in seinem Herzen und in seinem Umgang mit anderen ein Beispiel dieser Lehre zu sein. (Konfutse)

9. Wie denken Ihre Arbeitskollegen (evtl. einzelne aufführen) wohl über Sie?

10. Was macht Ihnen an Ihrer jetzigen Tätigkeit Spaß und was nicht?

11. Welche Aufstiegschancen/Mehrverdienstmöglichkeiten gibt es für Sie?

12. Mit welchen Argumenten würden Sie Ihren Chef von einer gewünschten Gehaltserhöhung überzeugen?

Echte Führungskräfte sollten in der Lage sein, auch die Tätigkeit des kleinsten Angestellten ernsthaft zu schätzen – und ihnen diese Wertschätzung mitteilen. Denn Leute arbeiten nicht für eine Firma, sondern für andere Menschen.

Eine Führungspersönlichkeit ist ein Mann, der genau weiß, was er nicht kann, und der sich dafür die richtigen Leute sucht. (Philip Rosenthal)

13. Welche andere berufliche Tätigkeit würde Sie reizen?

14. Wo lägen die Bedenken und Vorteile bei einem Berufswechsel in diese neue Richtung?

Nach den Fluggesetzen der Physik dürfte eine Hummel eigentlich nicht fliegen können. Das weiß sie aber nicht – deshalb fliegt sie trotzdem! Machen Sie es wie die Hummel: Lassen Sie sich nicht von vermeintlich Unerreichbarem abschrecken – wagen Sie es einfach mal!

15. Falls Sie keinen Beruf ausüben, sind Sie zufrieden mit Ihrem Tagesablauf?

16. Was wäre für Sie die Traumkonstellation von Beruf/Freizeit/Familie?

Es gibt nur eine Möglichkeit, eine Prüfung zu bestehen: Man muss sich ihr stellen!

17. Wie sieht ihre finanzielle Situation aus – könnten Sie ein Jahr „Durststrecke" ohne Verdienst überstehen?

18. Ist Ihre Zukunft (Rücklagen, Rente, Lebensversicherungen, Immobilien ...) gut abgesichert?

19. Wie gut können Sie mit Geld umgehen – wo liegen da Ihre Schwächen?

Viele Menschen benutzen das Geld, das sie nicht haben, für den Einkauf von Dingen, die sie nicht brauchen, um damit Leuten zu imponieren, die sie nicht mögen.
(Walter Slezak)

20. Schreiben Sie Ihre ungefähren jährlichen Ausgaben für alle Lebensbereiche auf:

21. Wenn Sie die Ausgaben mit Ihrem Verdienst vergleichen – passt es?

Eigenschaften

IX. Eigenschaften

Zwei Eigenschaften unterscheiden den Mensch grundlegend von allen anderen Wesen:

1. ***Die Fähigkeit zum Humor, also bewusst lustig zu sein, andere zum Lachen zu bringen, Fröhlichkeit zu verbreiten. Wussten Sie, dass beim Lachen genauso viele „Glücksstoffe" im Körper frei werden wie beim Verliebtsein?***

2. ***Die Musik: Singen, Tanzen, ein Instrument als Hilfsmittel für eine Vielzahl von Tönen zu nutzen. Musik, die dem Rhythmus des eigenen Herzschlages entspricht, kann einen zutiefst positiven Einfluss auf Nerven und Gemütszustand ausüben.***

1. Was halten Sie selbst für Ihre positivsten Eigenschaften?

2. Wie oft machen Sie am Tag Spaß, lachen, sind humorvoll?

Lachen ist ein echtes Gelassenheits-Elixier. Kränkungen können wir damit entschärfen und Belastungen und Ärger in Schach halten. Humor hilft uns, negative Geschehnisse nicht allzu nahe an uns herankommen zu lassen, nicht alles so ernst zu nehmen.

3. Welche Eigenschaften stören Sie an sich selbst?

Es ist besser, ein eckiges ETWAS zu sein, als ein rundes NICHTS. (Hebbel)

4. Was empfinden Sie, wenn Sie beim Friseur/Arzt trotz Termin lange warten müssen?

Zeit gestohlen zu bekommen, gefällt niemandem. Aber wollten Sie nicht immer mal ein wenig Zeit zum Nachdenken haben oder zum Schmökern eines Buches (also auf solche Termine mitnehmen!) oder auch nur zum kleinen Schaufensterbummel? Betrachten Sie also diese ungewollten Wartezeiten als „geschenkt" und nutzen Sie sie für Dinge, die Ihnen gut tun.

5. Wie pünktlich erscheinen Sie zu Verabredungen/Terminen?

6. Wie beeinflusst das Wetter Ihre Stimmung?

7. Was sind für Sie Gründe, pessimistisch/ablehnend zu reagieren?

Wer positiv denken will, muss seine Aufmerksamkeit gezielt auf die angenehmen Seiten einer Angelegenheit konzentrieren, denn nur die eigenen Gedanken lösen unsere Gefühle aus. Es ist z.B. Verschwendung kostbarer Gedankenkraft, sich oder andere zu verurteilen. Wer auf die Fragen „Was denke ich, will ich das denken? Bringt mich dieses Denken weiter?" mit „nein" antworten würde, sollte seine Einstellung ändern. Und ... jeder Gefühlszustand ist vorübergehend - auch der negative. Allein dieses Wissen macht ihn weniger bedeutsam.

8. Was denken Sie, wie andere Ihre Eigenschaften sehen?

9. Wie empfinden Sie, wenn Sie einen Fehler gemacht haben?

10. Stichwort Perfektionismus: Wie viel von 100 Prozent erreichen Sie wohl?

Menschen machen Fehler - und Fehler sind dazu da, aus ihnen zu lernen. Der Glaube, perfekt sein zu müssen, ist also eine der größten Energieverschwendungen, die es gibt. Haben Sie einmal überlegt, wie viel Kraft es Sie kostet, bloß jeden Fehler zu vermeiden oder zu vertuschen? Einfach mal die Fünf gerade sein lassen und die freigewordene Energie in Handlungen stecken, die Ihnen und Ihrem Umfeld gut tun!

11. Inwiefern wechselt Ihr Ton/Ihre Stimmung, je nachdem, mit wem Sie sprechen?

....

....

....

....

In verschiedenen Lebensbereichen und altersmäßigen Entwicklungsstufen machen sich andere ein „Bildnis" von Ihnen, womit Sie unversehens in eine Schablone gepresst werden, aus der Sie schwerlich wieder herauskommen. So sieht Ihr Partner Sie vielleicht als pessimistisch an, für Ihren Hobbyclub sind Sie das zuverlässige Organisationstalent und im Kreis der Freunde der lustige Ideenträger.
Haben Sie den Mut, auch einmal gegen ein bestehendes „Bildnis" zu handeln, wenn Ihnen danach ist. Eingefahrene Verhaltensweisen bestimmten Menschen gegenüber machen es einem schwer, Lernprozesse umzusetzen. Versuchen Sie es trotzdem!

12. Haben Sie einen Menschen zum Vorbild/als Idol - was bewundern Sie an ihm?

13. Welche Fähigkeiten, die Sie nicht besitzen, hätten Sie gerne?

14. Wo fängt für Sie Egoismus an?

15. Wie fühlen Sie sich zum Tageseinstieg am häufigsten (auch Gründe beschreiben)?

16. Welche Gesprächsthemen sind bei Ihnen nicht für jedermann bestimmt?

Wie würden Sie sich fühlen, wenn alles in Ihrem Leben so wäre, wie Sie es gerne hätten? Machen Sie doch einfach einmal eine Liste!

Dann überlegen Sie, in welchen Punkten Sie im Moment davon abweichen. Ist das, was Sie gerade reden, denken oder fühlen, im Hinblick auf Ihr Optimalbild förderlich?

Seien Sie sich bewusst, dass Ihre Worte, Ihre Gedanken, Gefühle und Handlungen die Wirklichkeit formen. Sie gestalten Ihr Optimalbild ... oder auch die Abweichung davon ... selbst.

17. Wie viel prozentualer Anteil Ihres Redens sind .....:

- unterhaltend: ....
- humoristisch: ....
- überzeugend-motivierend: ....
- positiv-informativ: ....
- negativ-informativ: ....
- kritisierend-nörgelnd: ....
- sorgenvoll-pessimistisch: ....

18. In welchen Fällen würden Sie einen Psychologen aufsuchen?

....

....

....

....

19. Schmücken Sie erzählte Witze mit Gebärden/Grimassen/Eigentext aus?

20. Stehen Sie gern im Mittelpunkt – und was ist daran toll (... oder auch nicht)?

Es sind die Begegnungen mit Menschen, die das Leben lebenswert machen.
(Guy de Maupassant)

21. Wie schnell würden Sie die Garantiekarte Ihrer Waschmaschine finden?

22. Im Straßenverkehr: Was passiert häufiger, dass Sie überholen oder überholt werden?

23. Bleiben wir beim Straßenverkehr: Worüber regen Sie sich auf?

Lassen Sie sich von Kleinigkeiten nicht den Schlaf rauben – und behandeln Sie möglichst vieles so, als wäre es eine Kleinigkeit!

24. Wie wirkt wohl ihre Gestik, Mimik, Sprache, Haltung, Kleidung ... auf den ersten Blick auf Fremde? Am besten schreiben Sie jede einzelne Besonderheit auf:

25. Ist das auch die Wirkung, die Sie erzielen wollen?

26. Gegen welche Geräusche/Gerüche sind sie empfindlich?

Wir sind einer permanenten Lärmvielfalt ausgesetzt. Versuchen Sie ganz bewusst, Geräusche zu eliminieren. Musik aus, wenn Sie lesen; Fernseher aus, wenn Sie sich unterhalten möchten und ... in Ruhe frühstücken, um den Tag gedanklich zu planen.

Auch der sparsame Umgang mit Düften ... und das konsequente Auslüften schlechter Gerüche bewirken ein Schärfen der Sinne.

27. Aus welchen Gründen würden Sie jemanden warten lassen?

28. Wie wichtig bzw. belastend ist ständige telefonische Erreichbarkeit für Sie?

29. Welche Art Bücher/Zeitschriften etc. lesen Sie gerne – und wie oft kommen Sie dazu?

30. Wie oft kommt es vor, dass Sie Verdorbenes wegwerfen müssen?

31. Sind Sie abergläubisch – und dies wohl begründet oder nicht?

32. Was ist für Sie wichtiger: der globale Überblick ... oder die Erledigung aller Details?

Innere Panik entsteht, wenn der Berg von Kleinarbeiten einen die Übersicht verlieren lässt. ***Also durchatmen und 3 Stapel machen:***

1. ***Wichtiges, das heute noch erledigt werden muss (Termine verlängern lassen, falls es zuviel ist);***
2. ***Dinge, die im Laufe der Woche in Angriff genommen werden;***
3. ***Sachen, die schlichtweg mal liegen bleiben, bis wieder Zeit ist.***

33. Schreiben Sie 10 Personen Ihres häufigen Umgangs auf und die Hauptthemen der Gespräche mit diesen:

34. Nach welchen Details beurteilen Sie einen Menschen spontan?

35. Welche Verhaltensweisen anderer lassen auf unausgesprochene Probleme schließen?

36. Bei welchen Problemen anderer würden Sie alles stehen und liegen lassen, um zu helfen?

37. Was sind für Sie Gründe, wirklich wütend zu werden?

38. Wie reagieren Sie in dieser Wut-Stimmung?

Vergangenes kann man nicht ändern, aber sich kann man ändern – für die Zukunft. (Hans Fallada)

39. Wie oft kommt das vor?

40. Wann fällt es Ihnen schwer, ihre Gefühle einzugestehen?

Gefühle, die nicht zum Idealbild eines „netten Menschen" passen, versuchen wir zu unterdrücken: Neid auf den erfolgreichen Kollegen; sauer, weil der Nachbar unsere Kirschen pflückt; verliebt in einen treuen Familienvater; einsam; ängstlich? Viele dieser „negativen" Gefühle wurden uns schon in der Kindheit verboten.
Erkennen Sie Ihre Gefühle und akzeptieren Sie sie, ohne sie zu bewerten. Denn schlimmstenfalls tauchen unterdrückte Emotionen als Magengeschwür, Rückenleiden oder depressive Verstimmung wieder auf. Im positiven Falle aber erschließen sie eine wahre Kraftquelle.

41. Wenn Sie etwas bereuen, wie machen Sie Ihren Fehler wieder gut?

42. In welchen Situationen ängstigen, genieren oder schämen Sie sich?

43. Würden Sie in diesen Situationen lieber anders reagieren ... wenn ja, wie?

Tun Sie alles, um Ihr Selbstbewusstsein zu stärken. Betrachten Sie sich einmal aus der Perspektive eines Menschen, der Sie liebt. Machen Sie eine Liste Ihrer Stärken und schauen sie diese jeden Tag an. Seien Sie sich selbst ein Freund, kein Richter.

44. Welche Tiere mögen Sie nicht ... und warum nicht?

45. Wie stark fühlen Sie sich durch Lärm, Zigarettenrauch, Abgase, grelles Licht etc. beeinträchtigt?

46. Welche Noten würden Sie sich selbst in folgenden Bereichen geben (1 = toll, ... 6 = Katastrophe)?

- ☐ als Lebenspartner
- ☐ als Mutter/Vater
- ☐ als Sexualpartner
- ☐ als (Schwieger-)Tochter/Sohn
- ☐ als Freund
- ☐ als Nachbar
- ☐ beim Kochen/Backen
- ☐ beim Putzen/Waschen/Spülen/Aufräumen
- ☐ bei handwerklichen Dingen
- ☐ im Umgang mit der Technik
- ☐ bei der Gartenarbeit
- ☐ im Umgang mit Firmen/Behörden
- ☐ im Umgang mit Geld
- ☐ im Umgang mit Tieren
- ☐ als Planer/Organisator
- ☐ als Berater/Seelentröster
- ☐ im beruflichen Erfolg

47. Welche Dinge würden Sie erfinden, wenn es technisch möglich wäre?

....

....

....

....

48. Welche wiederkehrenden Tätigkeiten belasten/wurmen Sie immer wieder?

....

....

....

....

....

*Wenn man lernt,
die Hölle zu lieben,
ist man im Himmel ...*

49. Welche davon machen Ihnen Spaß?

....

....

....

....

....

....

....

....

....

....

... was heißt, dass es wichtig für die innere Ausgeglichenheit ist, mit seinem Jetzt-Zustand zufrieden zu sein – auch wenn noch etliche Wünsche offen sind. Die Erfüllung dieser Zusatz-Wünsche ist eine erfreuliche Beigabe, man sollte sein Lebensglück aber nicht davon abhängig machen.
Unbedingtes, krampfhaftes Wollen blockiert den Fluss. Komischerweise erfüllen sich die Wünsche nämlich viel schneller, wenn man auch ohne sie glücklich sein kann ...

50. Welche kreative Tätigkeit liegt Ihnen am ehesten (Malen, Musik, Tanz, Schreiben ...)?

....

....

....

....

51. Wie oft üben Sie die Tätigkeiten aus Frage 49-50 auch tatsächlich aus?

....

....

....

52. Was sind Ihre regelmäßigen Hobbys?

....

....

....

53. Würden Sie lieber andere Hobbys ausüben, wenn Sie die Gelegenheit hätten?

....

....

....

Weder sich selbst noch anderen kann man etwas geben, was man nicht schon längst in sich trug. Aber man ist in der Lage, Verborgenes zu wecken und Lernprozesse zu erfahren.

54. Wie viel Zeit des Tages nutzen Sie nur für sich?

....

....

....

....

Schaffen Sie sich regelmäßig Zeiten des Rückzuges, in denen Sie sich besinnen können, Erfahrungen und Erlebnisse verdauen und verarbeiten. Und tun Sie die Dinge, wonach Ihnen gerade ist (ein Duftbad, Musik hören, wandern, schlemmen, tagträumen ...). Wenn die Seele Urlaub macht, mobilisiert man Energiepotenziale ganz besonderer Art.

55. Wie viel Prozent und welche Ihrer täglichen Arbeiten tun Sie nur für andere?

Man kann nur dann an sich etwas ändern, wenn man von der Notwendigkeit dieser Änderung auch wirklich überzeugt ist. Dann aber ist alles grenzenlos machbar.

Fantasie und Träume

X. Fantasie und Träume

Die Konfrontation mit außergewöhnlichen Situationen zeigt oft überraschende Spontan-Reaktionen. Was wäre, wenn Sie besondere Entscheidungen fällen müssten?

1. Was wäre Ihr Ziel, wenn Sie sich jetzt an einen beliebigen Ort versetzen könnten?

2. Allein auf einer einsamen Insel: Wen und was hätten Sie gerne dabei?

3. Welcher gleichgeschlechtliche Partner wäre Ihnen dort angenehm?

4. Die berühmte Fee erfüllt Ihnen 5 Wünsche. Welche wären das?

Nicht wer viel besitzt, ist reich, sondern wer viel gibt. (Erich Fromm)

5. Welche besondere Macht über andere Menschen hätten Sie gerne?

6. Welche übernatürliche Fähigkeit würden Sie sich wünschen?

7. Von wem würden Sie jetzt gerne ein Geschenk erhalten und was sollte es sein?

8. Wofür wären Sie gerne auch nach Ihrem Tod noch anerkannt oder berühmt?

Der Mensch kann wohl die höchsten Gipfel erreichen, aber verweilen kann er dort nicht lange. (George Bernard Shaw)

9. Wofür würden Sie 10 Millionen EURO ausgeben, wenn Sie sofort entscheiden müssten?

10. Bewerten Sie Frage 9: Wie viel Prozent haben Sie für sich, wie viel für andere eingesetzt?

11. An wem würden Sie sich gerne unerkannt nachträglich noch rächen und wie?

12. Mit wem würden Sie gerne einen Tag lang eingeschlossen sein?

13. Angenommen, Sie könnten eine Sache auf dieser Welt ändern - was wäre es?

Erfahrung ist eine gute Sache. Leider macht man sie erst kurz nachdem man sie brauchte. (Sprichwort)

14. Wenn Sie Ihr Leben für eine Sache opfern müssten, welche wäre wichtig genug?

15. Angenommen, Sie könnten unsichtbar sein – wofür würden Sie es nutzen?

16. Wessen Gedanken würden Sie gerne lesen können und warum?

17. Wofür wären Sie bereit, ein großes Risiko einzugehen?

Wo kämen wir hin, wenn
alle nur sagten: „Wo
kämen wir hin!",
und niemand ginge,
um einmal zu schauen,
wohin man käme,
wenn man ginge! (Kurt Marti)

18. Wenn Sie die totale politische Macht hätten: wie sähe das Land aus, das Sie erschaffen?

19. Was würden Sie sich wünschen, um der Menschheit das Leben leichter zu machen?

....

....

....

....

Alles Große in unserer Welt geschieht nur, weil jemand mehr tut als er muss. (Hermann Gmeiner)

20. Welche Antworten wüssten Sie gerne zu den Dingen Ihres Lebens, zur Welt und dem Universum?

....

....

....

....

....

....

....

Größtmögliche Unabhängigkeit heißt einfach: Nichts zu verlieren haben!

NACHWORT

NACHWORT
NACHWORT

Nutzen Sie „stille Stunden", um Fragen, die Sie bewegen,

erneut zu durchdenken und ihre Antworten auf eine

mögliche Verbesserung Ihrer Lebensqualität hin zu analysieren.

Werden Sie sich Ihrer Stärken und Schwächen bewusst,

setzen Sie die Stärken gezielt ein

und versuchen Sie, die Schwächen auszugleichen.

Arbeiten Sie an der Verwirklichung Ihrer Wünsche,

auch wenn es einen langen Zeitraum braucht –

am Ende siegen innere Kraft

und Ausdauer.

Eine sehr alte, klare und treffende Lebensregel
sei Ihnen hierzu mit auf den Weg gegeben:

DESIDERATA

(Das Wünschenswerte)

Von einem unbekannten Verfasser. 1692 in der St.Pauls-Kirche in Baltimore gefunden.

Geh Deinen Weg gelassen im Lärm und in der Hektik dieser Zeit
und suche den Frieden in Dir selbst zu finden.
Bemühe Dich, mit allen Menschen auszukommen,
soweit es Dir möglich ist, ohne Dich selbst aufzugeben.

Sprich das, was Du als wahr erkannt hast, ruhig und klar aus,
und höre anderen Menschen zu,
auch den Langweiligen und Unwissenden,
denn auch sie haben etwas zu sagen.

Meide aufdringliche und aggressive Menschen,
denn sie sind ein Ärgernis für den Geist.
Vergleiche Dich nicht mit anderen,
damit Du nicht eitel oder bitter wirst,
denn es wird immer Menschen geben, die größer sind als Du,
und Menschen, die geringer sind.

Sei stolz auf Deinen Erfolg und denke auch an Deine Karriere.
Lass Dich nicht von deinem Weg ablenken,
aber bleibe bescheiden,
denn das Schicksal kann sich jederzeit wenden.

Sei vorsichtig in Deinen geschäftlichen Angelegenheiten,
denn die Welt ist voller List und Tücke.
Lass Dich jedoch dadurch nicht blind machen
für die Tugend, die Dir begegnet.

Viele Menschen haben hohe Ideale, und wo Du auch hinsiehst,
ereignet sich im Leben Heldenhaftes.

Bleibe Du selber und heuchle nicht mit Gefühlen.
Hüte Dich davor, der Liebe zynisch zu begegnen,
denn trotz aller Entzauberung und Enttäuschungen
ist sie das Einzige, was wahr und unvergänglich ist.

Nimm den Rat, den Dir die Lebensjahre geben, freundlich an,
und lass mit Würde ab von dem, was zur Jugendzeit gehört.
Stärke die Kraft Deines Geistes, so dass sie Dich schützt,
wenn ein Schicksalsschlag Dich trifft.

Doch zerstöre Dich nicht selbst aus Angst vor der Einsamkeit,
denn viele Ängste wurzeln in Erschöpfung und Bitterkeit.
Übe Selbstdisziplin,
sei immer so, dass Du vor dir selbst bestehen kannst.

Du bist ein Kind des Universums,
genau wie die Blume, die blüht – und ein Stern in der Nacht.
Du hast ein Recht, da zu sein!
Und ob es Dir nun bewusst ist oder nicht:
ganz sicher entfaltet sich das Universum so, wie es ihm bestimmt ist.

Lebe daher in Frieden mit Gott,
wie auch immer Du ihn Dir vorstellst.
Und worauf Du Deine Anstrengungen auch richtest,
was es auch ist, das Du erstrebst
im lärmenden Durcheinander des Lebens,
sei mit Dir selbst im Reinen.

Trotz allen Trugs, aller Mühsal und aller zerbrochenen Träume
ist die Welt doch wunderschön.
Sei daher heiter und strebe danach, glücklich zu sein.

ETWAS NACHDENKLICHES ZUM SCHLUSS

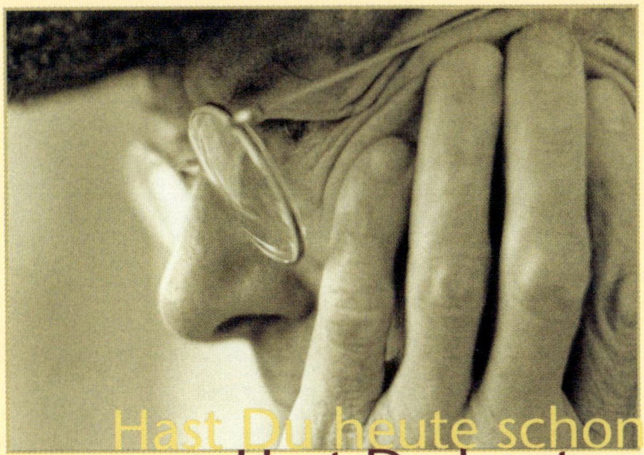

Hast Du heute schon gelebt?

Hast Du heute schon gelebt?

Hast Du heute schon gelebt?

Ein 85-jähriger Mann, der wusste, dass er bald sterben würde, sagte:

**Wenn ich noch einmal zu leben hätte,
dann würde ich mehr Fehler machen.
Ich würde versuchen,
nicht so schrecklich perfekt zu sein.**

**Dann würde ich mich mehr entspannen
und vieles nicht mehr so ernst nehmen.**

**Dann wäre ich ausgelassener und verrückter;
Ich würde mir nicht so viele Sorgen machen um mein Ansehen.**

**Dann würde ich mehr verreisen,
mehr Berge besteigen,
mehr Flüsse durchschwimmen
und mehr Sonnenuntergänge betrachten.**

**Dann würde ich mehr Eiscreme essen,
dann hätte ich mehr wirkliche Schwierigkeiten
als nur eingebildete.**

**Dann würde ich im Frühjahr
und später im Herbst
barfuß gehen.**

**Dann würde ich mehr Blumen riechen,
mehr Kinder umarmen
und mehr Menschen sagen, dass ich sie liebe!**

**Wenn ich noch einmal zu leben hätte,
.... *aber ich habe es nicht.***

Raum für eigene Gedanken...

Zur Autorin

Hallo, ich heiße Anne, bin 1959 geboren, habe zwei aktive Töchter, einen beruflich hochengagierten Mann, war immer berufstätig ... und bin ein unverbesserlicher Perfektionist, ich geb's zu ...!

Wundert es Sie, dass ich irgendwann zwischen Kindern, Hausbau und Aufbauphase meiner kleinen PR-Agentur „aus den Pantinen kippte?" Also mich im Nachhinein nicht mehr.

Es hat aber einige Zeit gedauert, bis ich mir die mentale Grundlage meiner Gesundheitsprobleme eingestand und sie in den Griff bekam.

Und das nicht mit irgendeinem Medikament, sondern einfach mit einem geänderten Lebensbewusstsein:

Etwas mehr Selbsterkenntnis, ein Quäntchen gesunder Egoismus und eine positivere, dankbarere Lebenseinstellung.

Ich arbeite immer noch dran ....!

Vielleicht tun Sie es auch – und dieses Buch hilft Ihnen ein wenig dabei. Das würde mich freuen!

Ihre

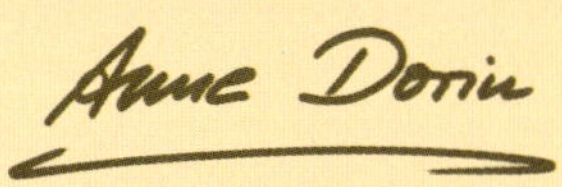

LITERATURNACHWEIS:

Folgende Bücher gaben Impulse und Denkanstöße:

„Traumreisende" Autor: Marlo Morgan
Goldmann Verlag, 1998
ISBN: 3-442-30786-4

„Traumfänger" Autor: Marlo Morgan
Goldmann Verlag, 1998
Buch-Nr. 00723 7

„Bestellungen beim Universum" Autorin: Bärbel Mohr
Omega Verlag, 1998
ISBN: 3-930243-13-X

BILDNACHWEIS:

Art Explosion (24), Bilderbox (78), Wolfgang Kröner (63),
Rüdiger Larm (41, 96, 97), Reinhard Panthel (21 oben, 31, 33, 50, 52, 93, 94),
Dinah Schmidt (77), Uwe Schöllkopf (16, 91), Silanca (104),
weitere Fotos: Getty Images.

IMPRESSUM:

Autorin und Herausgeberin: Anne Dorin

Redaktion/Produktion: Uwe Schöllkopf, Barbara Schöllkopf

Titel/Comics: Ulrich Kirstges

Verlag: idee media GmbH, Karbachstraße 22, 56567 Neuwied, Internet: www.idee-media.de

Redaktionelle Mitarbeit: Janina Kröner

Gestaltungskonzept/DTP: Elke Neuroth, Simone Hammes

Ausgabe 2005

Dorin, Anne: Ich find mich - Innenansichten
ISBN 3-934342-82-5